吾乡吾土·探索手册

山中田事 上

三年级

田字格公益 编

孔學堂書局

图书在版编目（CIP）数据

山中田事. 上 / 田字格公益编. -- 贵阳 : 孔学堂书局, 2025. 3. -- (吾乡吾土 / 肖诗坚主编).

ISBN 978-7-80770-604-5

Ⅰ. S-49

中国国家版本馆CIP数据核字第2024SV3336号

吾乡吾土·探索手册　　肖诗坚　主编

山中田事（上）

SHANZHONG TIANSHI（SHANG）

田字格公益　编

责任编辑：窦玥声　何青青

装帧设计：潘伊莎　马鸿阅

排版制作：李珍敏

责任印制：张　莹　刘思妤

出版发行：贵州日报当代融媒体集团

孔学堂书局

地　　址：贵阳市乌当区大坡路26号

印　　制：天津联城印刷有限公司

开　　本：889mm×1194mm　1/16

字　　数：40千字

印　　张：4

版　　次：2025年3月第1版

印　　次：2025年3月第1次印刷

书　　号：ISBN 978-7-80770-604-5

定　　价：18.00元

乡土开课辞

树高千丈，叶落归根；
惟以家乡，吾生有祥；
里仁为美，祖德流芳；
土育万物，乡承文化；
血脉相连，挚爱莫忘；
感恩乡土，厚福有望。

开卷语

亲爱的同学：

欢迎来到乡土课，与我们一起探索家乡那些美好的人、事、物！

田是农耕文明的产物，与乡村生产生活密不可分。云贵高原喀斯特地貌广布，群山起伏、云雾缭绕，层层叠叠的梯田是大山中最美的景色。

田是什么？人们为什么要将山里的土地改造成田？家乡的梯田是怎么来的？田里为什么会长出农作物？农作物的一生是怎样的？人与田之间，究竟存在着怎样的关系……这些问题，我们都可以在本学期的乡土课中找到答案。

让我们一起走进山中田，探索大山中的田，以及田里的那些人、事、物吧！

目　录

开学第一课

走进乡土课

乡土开课辞

树高千丈，叶落归根；
惟以家乡，吾生有祥；
里仁为美，祖德流芳；
土育万物，乡承文化；
血脉相连，挚爱莫忘；
感恩乡土，厚福有望。

同学们，还记得课堂音量规则吗？

0	1	2	3

我和新小组

（·你好！我的小组·）

任务一：选组长

角色	职责	组长签名
组长	1. 主持讨论 2. 管理纪律 3. 认真参与，做好榜样 4. 积极助人	

任务二：组内分工

角色	职责	成员签名
资料员	1. 收发资料和教具 2. 认真参与小组任务 3. 有序求助，积极助人	
纪律员	1. 协助组长管理纪律 2. 认真参与小组任务 3. 有序求助，积极助人	
记录员	1. 记录小组讨论的共识 2. 认真参与小组任务 3. 有序求助，积极助人	
检查员	1. 检查组员任务完成情况 2. 认真参与小组任务 3. 有序求助，积极助人	
安全员	1. 提醒组员注意活动安全 2. 认真参与小组任务 3. 有序求助，积极助人	

任务三：定组名

我们的组名

小组初亮相 (·小·组成员做介绍·)

现在，请各小组上台亮相吧！

大家好！我们是……组。我是组长/组员……谢谢大家！

课堂新约定 (·课堂约定共制定·)

请组长带领组员自主讨论以下10条课堂约定，并选出4~5条作为本学期的课堂新约定。

- [ ] ① 课前做好准备
- [ ] ② 课堂姿势端正
- [ ] ③ 上课认真听讲
- [ ] ④ 先举手再发言
- [ ] ⑤ 认真倾听他人
- [ ] ⑥ 按时完成作业

- [ ] ⑦ 积极帮助同学
- [ ] ⑧ 经常竖大拇指
- [ ] ⑨ 上课从不迟到
- [ ] ⑩ 发言声音洪亮

课堂约定

①……………………………………

②……………………………………

③……………………………………

④……………………………………

⑤……………………………………

今日收获

我们一起来写一写今日收获吧！

………年………月………日　　今日主题：……………………

1. 本学期的主题是：……………………

2. 关于这个主题，你有哪些好奇的问题？

①……………………………………

②……………………………………

③……………………………………

1 走进山中观察田

体验世界——（·走进山中观察田·）

我们一起去户外观察山中田吧！请将观察的结果填写在“山中田观察指南”上。

山中田观察指南

1. 选择一个视野开阔的位置站着或坐下。放眼望去，远处的山中田是怎样的？

田的形状	田的轮廓线条	田的颜色	田的分布规律

2. 在附近选择一片你喜欢的田，发现更多细节吧！

田的附近有石墙、田埂（gěng）、水渠（qú）吗？它们是怎么来的？有什么用？

我发现……………………………………………………

……………………………………………………………

分享园地 —（·山田观感共分享·）

你今天发现了什么？有什么感受？和同学们一起分享吧！

从远处看，田是……

从近处看，我发现……

由于地形的原因，我们这里的田都是一层一层叠在一起的，形状各异。

山里的田地面积比较小，分布在山中不同的位置。

秋天的田里有许多农作物。

今日收获

我们一起来写一写今日收获吧！

……年……月……日　　今日主题：……

结合今天的新发现，我认为山里的田……

……

……

……

……

2 山田身世浅探寻

体验世界 ——（·田的起源初探·）

让我们通过字源和故事，来了解田的起源吧！

探究“田”之源

田　　农　　焚（fén）　　耕

你能根据字源猜出田是怎么来的吗？和同学们一起讨论一下吧！

从字源上看，古人以焚烧山林的方式积肥种植，后来使用耒（lěi）和镰（lián）刀等工具，开垦土地种植作物，逐渐形成田。

传说中的田的起源

神农教民播百谷

很久以前，人们靠吃野果和打猎来维持生活，但野果和猎物不常有，因此经常吃不饱。

据说，那时下了一场种子雨。神农把这些飘落的粮食种子收集起来种下，发现它们结出了可以吃的果实，还能长期储存。神农就把种植粮食的方法教给大家。为了提高耕种的效率，神农还发明了用木头制作的耒耜（lěi sì），帮助人们翻土、开垦。

在神农的教导下，人们开始种植粮食，不再担心饿肚子。

后稷（jì）教民稼穑（jià sè）

后稷小时候就喜欢种麻和豆子，而且种得很好。

长大后，他更爱好农耕。后稷了解土壤的特点和庄稼的习性，知道怎么更好地耕种，百姓都向他学习。后稷为当时的社会做出了重要的贡献，部族联盟的首领尧推荐他掌管农业。

读完这两个小故事，你知道田是怎么来的了吗？

人类由采集狩猎时代进入到农耕时代后，就开始有了田。

学习驿站

（·田的形态猜想·）

请仔细观察这些田，找找看它们有什么不同。

中国地域辽阔，由于南北方地形和气候的差异，形成了形态各异的田。

我们一起来思考：

1.你在村里见过哪几种田？

2.结合你看到的田的具体情况，猜想一下，田的形态可能和什么因素有关？

贵州位于中国西南方，多山地，农民世代在山地开垦种植，形成了梯田。

贵州气候温暖湿润，冬无严寒、夏无酷暑。降水较多，雨季明显，阴天多，日照少。因此，贵州的田多为水田，适合种植水稻等水生作物。

总而言之，田的形态与**地形**、**气候**等因素密不可分。

创作乐园

（·编创《山中造田记》·）

了解田的起源和形态后，你可以用自己的话说说农人是如何造田的吗？编创一篇《山中造田记》吧！

1. 很久很久以前，这里是一片茂密的森林，生活着各种各样的动植物。
2. 有一天，……………………
3. ……………………
4. ……………………
5. 在世代农人的照料下，层层叠叠的梯田构成了一道美丽的风景线，养育着一代又一代的人。

今日收获

我们一起来写一写今日收获吧！

……年……月……日　　今日主题：……………………

你能用自己的话说说田是怎么来的吗？

……………………

……………………

……………………

3 彩绘山中田

创作乐园 ——(·彩绘山中田·)

让我们一起画一画山中田吧！可以参考下面的示范画。

小作者：李思念
安场镇石井小学 三年级
指导教师：王正强

小作者：骆满群
庙塘镇木耳小学 三年级
指导教师：李波

小作者：岳依琳
小雅镇黄渡完全小学 四年级
指导教师：刘群

小作者：贾婷萱
流渡镇和平学校 三年级
指导教师：帅芸芸

创作乐园 ——(·绘制单元思维导图·)

我们来学习一种有效的内容梳理工具——思维导图吧！

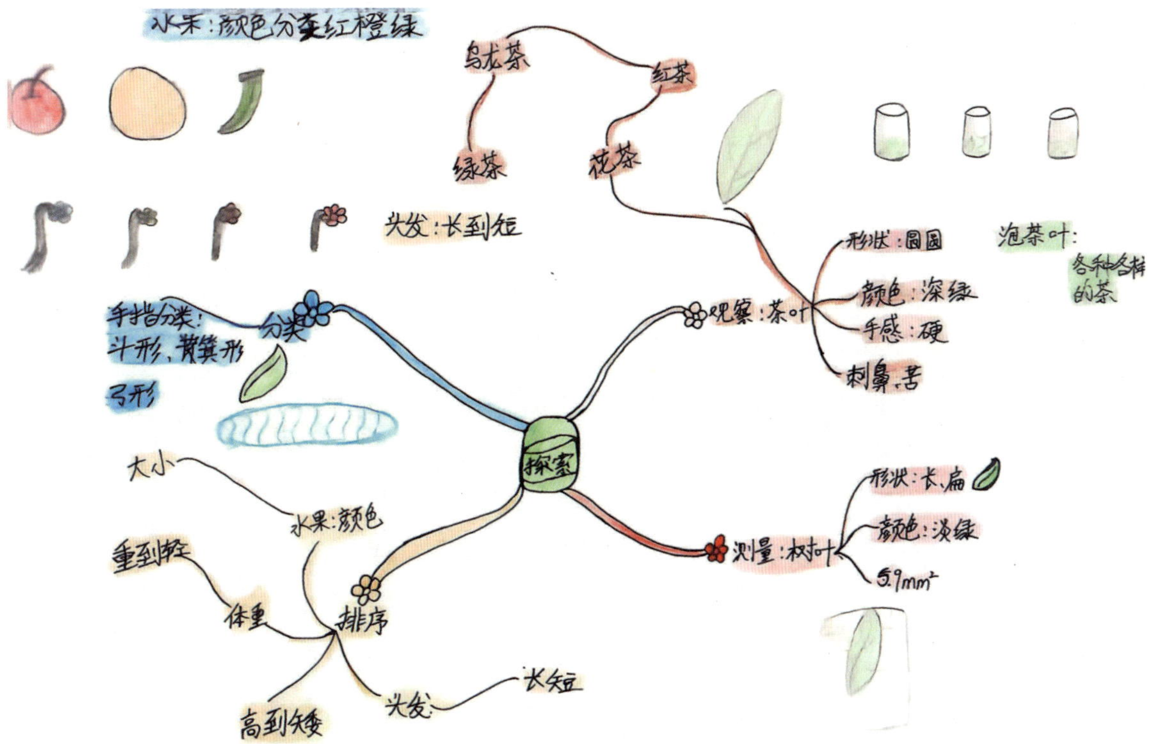

中心主题：思维导图的核心。（一级主题）

主要分支：围绕中心主题，延伸出的几个主要分支。（二级主题）

关键词：每个分支下，使用关键词或短语来表达的观点或信息。

颜色和图像：不同的颜色和图像可用于标记分支。

线条：从中心主题延伸出来的线条，由粗到细。

简洁清晰：避免在导图中使用长句子或复杂的描述，保持内容的简洁清晰。

我们来绘制思维导图，回顾本单元的学习内容吧！

我的单元成长档案

小组互评

我的名字：　　　　　　　　　　　　我的分工：

序号	评价维度	评价人				
1	轮流发言					
2	专注倾听					
3	达成共识					
4	多方求助					
5	积极助人					

完全做到：○　　部分做到：△　　没有做到：?

小组合作时，小组成员有哪些好的合作行为：

………………………………………………

小组成员的哪些行为，可以做得更好：

………………………………………………

………………………………………………

自我评价

（完美做到：5 分；做得不错：4 分；基本做到：3 分；还没做到：1~2 分）

评价维度	达标要求	分值	评价
审美情趣	我能结合观察与想象，创作秋日山中田绘画作品	1~5	
	我能从色彩搭配等角度欣赏他人作品	1~5	
自信分享	我能声音洪亮、有礼貌地向他人分享自己的观点或作品	1~5	
	我能遵守分享规则，清晰、流畅地分享内容	1~5	
社会责任	我能积极维护课堂约定，主动遵守户外课堂约定	1~5	
乡土认同	我能说出山中田的特点，发现家乡田的美	1~5	
乐学善学	我能积极参与各种课堂活动	1~5	
	我能按要求绘制单元思维导图，梳理本单元内容	1~5	
	我能认真填写“我的单元成长档案”，完成小组互评和自我评价	1~5	

（续表）

自我评价			
评价维度	达标要求	分值	评价
沟通合作	在小组讨论中，我能做到“轮流发言”“专注倾听”，和小组成员“达成共识”	1~5	
	我能在相应时间内和组员合作，完成自己的任务	1~5	
我的总体表现 ……（总计得分）			

非常棒！：44~55分

还不错！：34~43分

基本做到！：23~33分

要加油了！：00~23分

教师评价

素养目标	审美情趣	自信分享	社会责任	乡土认同	乐学善学	沟通合作	总体表现
非常出色							
再接再厉							
努力加油							
还需改进							

教师评语：

4 认识农作物种子

体验世界 （·观察农作物种子·）

观察农作物种子

1. 看一看：种子的外部特征是什么样的？

种子的形状	种子的颜色	种子的大小

2. 摸一摸：种子摸起来是什么感觉？

3. 闻一闻：种子有什么味道吗？

我还发现

学习驿站 ——（·探秘农作物种子·）

你对种子有哪些好奇的问题呢？写一写吧！

1. 为什么每种农作物的种子都不一样呢？

……………………………………………………

……………………………………………………

……………………………………………………

观察种子结构

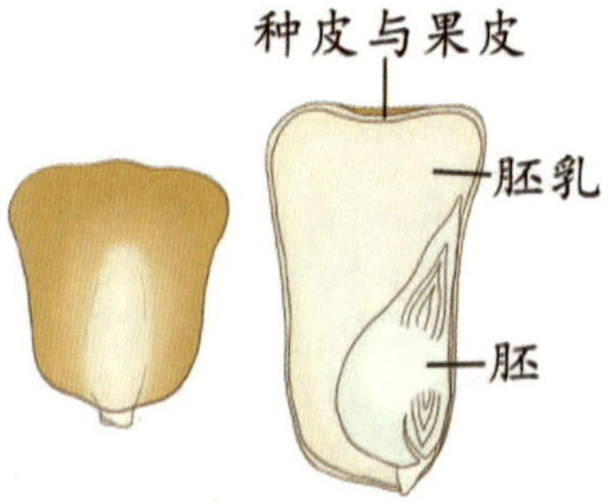

玉米种子结构图

其它种子结构

农作物种子的秘密

农作物种子就像一个迷你的植物工厂，里面包含了农作物成长需要的所有“元件”。农作物种子结构一般包括：种皮、胚和胚乳（有的种子没有胚乳）。种皮就像种子的外衣，保护着里面的胚。胚是种子的核心，它包含了植物根、茎和叶子的雏形。胚乳为种子提供营养。当种子被种在土里，吸收了水分和阳光，它就会慢慢发芽，长出根和茎，最后开出美丽的花朵，结出果实。

很多农作物种子都很有趣。比如玉米种子排列得整整齐齐，就像一排排小士兵；很多豆类的种子躲在豆荚里，像一颗颗小宝石；西瓜种子也很有趣，藏在红红的果肉里，在春天种下，在夏天能收获大大的西瓜。你还见过哪些有趣的农作物种子呢？

南瓜种子

豌豆种子

你听说过“种瓜得瓜，种豆得豆”吗？农作物种子里藏着农作物的基因，就像是农作物的说明书，告诉农作物怎么生长、怎么开花、怎么结果。每种农作物都有独特的基因组合，这导致了种子的多样性。随着科技的发展，科学家也会通过研究种子的基因，杂交出新的农作物品种。

不同农作物种子的保存时间是不一样的。例如，水稻、小麦的种子，在正常储存条件下可以保存3~10年。莲子则可以保存超过千年。

农作物种子的价格根据其稀有性和研发成本高低而不同。例如，我们常见的玉米、水稻，每公斤种子50~100元不等，但是荷兰甜椒品种蔓迪，每公斤种子价格一度高达18万元。另外，山葱的种子每公斤售价高达1600元，也可以说是非常贵的种子了。

农作物种子对我们来说非常重要。有的能长成我们吃的食物，比如大米、小麦和玉米，有的能为我们提供生活材料，比如油桐的种子。没有农作物种子，我们的世界就不会有这么丰富的食物。

在未来，世界各国的农业竞争，一定程度上是种子的竞争。哪个国家能够掌握全面优质的种子资源，哪个国家就能在很大程度上确保其农业的竞争力和粮食安全。所以，保护我们当地的传统农作物种子，非常重要。

你是怎么理解“种瓜得瓜，种豆得豆”的呢？

你认为保护传统农作物种子重要吗？为什么？

通过阅读学习，你知道了什么呢？

今日收获

我们一起来写一写今日收获吧！

……年……月……日　　今日主题：……

农作物种子一般由哪几部分构成？

……

……

……

……

……

5 播种初体验

学习驿站 · 讨论播种分工 ·

我们去播种之前，大家先讨论一下分工吧！

任务清单

- 准备土壤
- 制作农作物标识牌
- 播种
- 浇水
- 美化“花盆”

……

我的分工是……………………………………。

分享园地

(·播种分享与记录·)

我的播种体验

....

....

....

....

学习驿站

(·农作物观察记录·)

请在“农作物观察记录表”中填写播种记录。等种子发芽后，再记录农作物的成长吧！

今日收获

我们一起来写一写今日收获吧！

..........年..........月..........日　　今日主题：..........................

我今天的播种感受是？

....

....

....

6 探寻农作物生长之旅

体验世界——盘中餐，知多少

请同学们读读下面的四句诗，猜猜它描写的是什么？

春穿绿衣秋黄袍，头儿弯弯垂珠宝。
从幼到老难离水，不洗澡来只泡脚。

一粒稻种是如何经过生长，最终变成我们餐桌上香喷喷的米饭的呢？

水稻的生长会经历哪些阶段？

农人又需要做什么事情呢？

请同学们阅读绘本《盘中餐》，给水稻的生长过程排序吧！

1

2

3

4

5

6

水稻生长的顺序是：______→______→______→______→______→______

在水稻生长的过程中，会经历哪些挑战？农人又会如何照顾它？

虫灾　　…………　　…………

…………　　…………　　…………

水稻要长大，会经历不少挑战。而它能顺利长大，离不开农人的精心照料。

学习驿站 ——（·给农作物生长过程排排序·）

让我们给下列三种农作物的生长过程排序吧！

1. 玉米的生长过程：……→……→……→……→……

1

2

3

4

5

2. 土豆的生长过程：……→……→……→……→……

1 
2 
3 
4 
5 

3. 油菜的生长过程：……→……→……→……→……

1 
2 
3 
4 
5 

一般来说，农作物和大部分植物一样，都会经历一个完整的生命周期。这个过程从种子开始，种子在适宜的条件下发芽，长成幼苗后逐渐生长，接着植株开出花朵，结出果实，最后逐渐枯萎。

创作乐园 ——（·画一画农作物生长过程·）

请选择一种农作物，画一画它的生长轨迹吧！

① → ②

↓

④ ← ③

↓

⑤ → ⑥

今日收获

我们一起来写一写今日收获吧！

……年……月……日　　今日主题：……

一般来说，农作物的生长过程是怎样的？用自己的话说一说吧！

……

……

……

……

……

……

7 揭秘农作物生长密码

体验世界 —— 田土成分大探究

农作物的生长离不开土壤，现在，让我们一起来看看土壤里面有什么吧！

1. 观察土壤，我们看见土壤里有______________________________。

2. 用纸巾包住土块，使劲握一握，摊开纸巾，我们发现__________，这说明土壤里有__________。

3. 把土块轻轻放入水中。当土块刚刚放入水中时，我们发现__________________，这说明土壤里有__________________。

我们的结论是：土壤里有______________________________。

土壤里还有什么？

哪些成分有助于农作物成长？

为什么要让土壤保持疏松？

土壤中有水分、空气、腐殖质、无机盐，它们能让农作物茁壮生长。

除了土壤，农作物茁壮生长还需要光照、温度、空气、水分和养分。

体验世界

田中土壤比比看

这里有两种土壤样本，让我们做一些小实验，来比一比两种土壤有什么不同吧！

1.观察

对比土壤的颜色、颗粒大小、气味、水分。

2.土壤的黏（nián）性

往土壤里加一点水，用手握一握、揉一揉，它们都能被揉成团吗？

3.土壤的渗（shèn）水性

将同样多的土壤样本放在纱布上或底部扎了孔的纸杯中，下面放烧杯，分别把同样多的水倒入土壤中，观察它们的渗水性。

将观察结果记录下来吧！

特性	土壤	
	土壤 1	土壤 2
颜色 （黑、深棕、浅棕、红）		
颗粒大小		
气味		
黏性		
渗水性		

水田的土壤黏性更强，水分多，渗水性差；而旱地的土壤黏性差，水分较少，渗水性更强。

不同的农作物对土壤的要求有所不同。因此在种植农作物时，要根据它们的习性选择不同的土壤。

随着科技的发展，产生了一种新型的作物栽培技术——无土栽培。农作物不再局限于栽培在土壤中，而是可以种植在溶有矿物质的水溶液（营养液）里，或特定的栽培基质中。

今日收获

我们一起来写一写今日收获吧！

……年……月……日　　今日主题：……

1. 土壤中帮助农作物生长的成分有哪些？

……

……

……

……

2. 你知道水田和旱地分别适合种植哪种农作物吗？

……

……

……

……

……

8 绘制农作物手抄报

创作乐园 ——（·绘制农作物手抄报·）

我们把农作物的生长要素、生长过程和其他你知道的相关内容通过手抄报的形式呈现出来吧！

主题明确： 主题鲜明突出；

内容丰富： 包含文字、图片、图表、线条等多种元素；

创意插图： 发挥创意，通过不同的插图表达自己对主题的理解和看法，且色彩搭配美观；

版面设计： 合理安排文字和图片、插画位置，美观、实用。

创作乐园 ——（·绘制单元思维导图·）

我们来绘制思维导图，回顾本单元的学习内容吧！

我的单元成长档案

小组互评

我的名字：　　　　　　　　　　我的分工：

序号	评价维度	评价人				
1	轮流发言					
2	专注倾听					
3	达成共识					
4	做好记录					
5	分工明确					

完全做到：○　　部分做到：△　　没有做到：？

小组合作时，小组成员有哪些好的合作行为：

……………………………………………………

小组成员的哪些行为，可以做得更好：

……………………………………………………

……………………………………………………

自我评价

（完美做到：5 分；做得不错：4 分；基本做到：3 分；还没做到：1~2 分）

评价维度	达标要求	分值	评价
审美情趣	我能绘制农作物手抄报	1~5	
自信分享	我能清晰、流畅地分享内容，并尝试说出内容细节	1~5	
	我能遵守分享规则，积极主动地分享	1~5	
乡土认同	我能说出本地常见的农作物及其生长过程，知道农作物的生长离不开田的滋养与农人的辛劳	1~5	
勇于探究	我能提出有关种子、土壤的自己感兴趣的问题	1~5	
	我能通过观察和实验发现不同种子和土壤的特征，得出结论	1~5	
乐学善学	我能积极参与小组讨论、自主探究、艺术创作等课堂活动	1~5	
	我能利用“农作物观察记录表”观察并记录农作物的生长情况	1~5	
	我能按要求绘制单元思维导图，梳理本单元内容	1~5	

（续表）

自我评价

评价维度	达标要求	分值	评价
乐学善学	我能认真填写“我的单元成长档案”，完成小组互评和自我评价	1~5	
沟通合作	我能在相应时间内和组员合作，完成自己的任务	1~5	
	在小组讨论中，我能做到“轮流发言”“专注倾听”，和小组成员“做好记录”“分工明确”“达成共识”	1~5	
我的总体表现 ………（总计得分）			

非常棒！：48~60分

还不错！：37~47分

基本做到！：25~36分

要加油了！：00~24分

教师评价

素养目标	审美情趣	自信分享	乡土认同	勇于探究	乐学善学	沟通合作	总体表现
非常出色							
再接再厉							
努力加油							
还需改进							

教师评语：

9 万物感恩交响曲

创作乐园（·万物感恩分享会·）

你能尝试说一说山、田、农作物和农人之间有怎样的联系吗？

原来，农作物的生长离不开“天”“地”“人”的共同作用，离不开自然万物。

如果你是农作物，请选择一种事物或人，向他们表达你的“感恩宣言”吧！

感恩宣言

我是农作物，

感谢农民伯伯的辛勤耕耘与精心照料，

使我得以茁壮成长。

我是农作物，

感谢……，

……。

向大家分享你的“感恩宣言”吧！

创作乐园 ——（·绘制学期思维导图·）

我们来绘制学期思维导图，回顾本学期的学习内容吧！

我的学期成长档案

小组互评

我的名字：　　　　　　　　　　我的分工：

序号	评价维度	评价人				
1	轮流发言					
2	分工明确					
3	做好记录					
4	达成共识					
5	举手表决					
6	专注倾听					
7	多方求助					
8	积极助人					

完全做到：○　　部分做到：△　　没有做到：?

小组合作时，小组成员有哪些好的合作行为：

……………………………………………………………………

小组成员的哪些行为，可以做得更好：

……………………………………………………………………

自我评价

（完美做到：5 分；做得不错：4 分；基本做到：3 分；还没做到：1~2 分）

评价维度	达标要求	分值	评价
审美情趣	我能从色彩搭配、内容丰富程度等方面欣赏他人的作品	1~5	
	我能创作与山中田和农作物有关的作品	1~5	
自信分享	我能遵守分享规则，声音洪亮、有礼貌地向他人分享	1~5	
	我能清晰、流畅地分享内容，并尝试说出内容细节	1~5	
乡土认同	我对家乡的田、农事有了新的认识	1~5	
社会责任	我知道大山、田、农作物和农人相互关联，密不可分	1~5	
实践创新	我愿意参加农业劳动	1~5	
勇于探究	我能提出有关农作物的自己感兴趣的问题	1~5	
	我能通过观察和实验得出结论	1~5	
乐学善学	我能坚持在“农作物观察记录表”中记录农作物生长情况	1~5	
	我能积极参与各种课堂活动	1~5	

（续表）

自我评价

评价维度	达标要求	分值	评价
乐学善学	我能按要求绘制学期思维导图，梳理所学内容	1~5	
	我能认真填写“我的成长档案”，完成小组互评和自我评价	1~5	
沟通合作	在小组讨论中，我能遵守“轮流发言”“专注倾听”等小组合作学习约定	1~5	
	我能在相应时间内和组员合作，完成自己的任务	1~5	
我的总体表现……（总计得分）			

非常棒！：60~75分

还不错！：46~59分

基本做到！：31~45分

要加油了！：00~30分

教师评价

素养目标	审美情趣	自信分享	乡土认同	社会责任	勇于探究	实践创新	乐学善学	沟通合作	总体表现
非常出色									
再接再厉									
努力加油									
还需改进									

教师评语：……………………………………………………………

……………………………………………………………………

……………………………………………………………………

……………………………………………………………………

……………………………………………………………………

附：农作物观察记录表

日期	天气	照顾方式 （晒太阳、浇水、施肥、除草、除虫、松土）	植物生长情况	状态或问题

（续表）

日期	天气	照顾方式 （晒太阳、浇水、施肥、除草、除虫、松土）	植物生长情况	状态或问题

（续表）

日期	天气	照顾方式（晒太阳、浇水、施肥、除草、除虫、松土）	植物生长情况	状态或问题

（续表）

日期	天气	照顾方式 （晒太阳、浇水、施肥、除草、除虫、松土）	植物生长情况	状态或问题

（续表）

日期	天气	照顾方式（晒太阳、浇水、施肥、除草、除虫、松土）	植物生长情况	状态或问题

（续表）

日期	天气	照顾方式 （晒太阳、浇水、施肥、除草、除虫、松土）	植物生长情况	状态或问题

（续表）

日期	天气	照顾方式 （晒太阳、浇水、施肥、除草、除虫、松土）	植物生长情况	状态或问题

（续表）

日期	天气	照顾方式（晒太阳、浇水、施肥、除草、除虫、松土）	植物生长情况	状态或问题